Annemarie Hagenlocher

Burnout-Prophylaxe

GRIN Verlag

Bibliografische Information der Deutschen Nationalbibliothek:

Die Deutsche Bibliothek verzeichnet diese Publikation in der Deutschen National-
bibliografie; detaillierte bibliografische Daten sind im Internet über http://dnb.d-
nb.de/ abrufbar.

Impressum:

Copyright © 2012 GRIN Verlag, Open Publishing GmbH
Druck und Bindung: Books on Demand GmbH, Norderstedt Germany
ISBN: 978-3-656-34509-1

Dieses Buch bei GRIN:

http://www.grin.com/de/e-book/200211/burnout-prophylaxe

GRIN - Your knowledge has value

Der GRIN Verlag publiziert seit 1998 wissenschaftliche Arbeiten von Studenten, Hochschullehrern und anderen Akademikern als eBook und gedrucktes Buch. Die Verlagswebsite www.grin.com ist die ideale Plattform zur Veröffentlichung von Hausarbeiten, Abschlussarbeiten, wissenschaftlichen Aufsätzen, Dissertationen und Fachbüchern.

Besuchen Sie uns im Internet:

http://www.grin.com/

http://www.facebook.com/grincom

http://www.twitter.com/grin_com

F + U Rhein - Main - Neckar gGmbH Akademie für Wirtschafts- und Sozialmanagement
Mittermaierstraße 18, 69115 Heidelberg

Burnout- Prophylaxe

Coverbild: pixabay.com

Annemarie Hagenlocher
Abgabetermin: Juni 2012

Inhaltsverzeichnis

Einleitung...4
1. Stress..6
1.1 Stress: Formen, Phasen und Stressoren..7
1.2 Stressbeschwerden..8
2. Der Begriff Burnout...9
2.1 Die sieben Phasen des Burnout 10
2.2 Die alternative Idee: Burnout als eine individuelle Sucht.......................12
3.Burnout- eine volkswirtschaftliche Katastrophe?.................................13
4.Wachkoma mit Ritalin..14
5.Bestandsaufnahme der Arbeitssituation von Pflegekräften.................14
5.1 Pflegekräfte im Krankenhaus..15
5.2 Pflegekräfte in der Altenpflege..15
5.3 Pflegekräfte in der ambulanten Pflege...16
6. Mission/ Vision Teamcheck- Pflegedienstleitungen in der Pflicht.......17
6.1 Selbstführung- Motiviert zu motivieren..18
6.2 Ist Burnout ansteckend?..19
7. Burnout im „out" – Pflegedienstleitungen in der Prophylaxe- Arbeit...20
7.1 Schaffung von Rahmenbedingungen 20
7.2 Prävention in der innerbetrieblichen Aktion...21
7.2.1 Führungskonzepte 21
7.2.2 Selbstführung...23
7.2.3 Zeitmanagement...24
7.2.4 Mitarbeitermotivation..25
7.3 Prävention und Prophylaxe im Detail...26
7.3.1 Mitarbeitergespräche..26
7.3.2 Supervision...28
7.3.3 Mitarbeiterbefragungen...28
7.3.4 Literaturangebote und Fortbildungen..30
8. Schlusswort...31
Literaturverzeichnis..34

Einleitung

Der strukturelle Wandel im Gesundheitswesen hat multifunktionale Auswirkungen auf das Berufsbild der in der Pflege tätigen. Veränderte Unternehmenskulturen haben weitreichende inner- und außerbetriebliche Wirkungsmechanismen. „Unternehmenskultur kann als das System grundlegender Überzeugungen und der damit verbundenen Werte und Normen verstanden werden, die das sichtbare Verhalten der Beschäftigten in einem Unternehmen bestimmen, bzw. als dominante Verhaltensweisen des Unternehmens erscheinen."[1] „Dimensionen der Kultur, die sich hier als besonderes relevant zeigten, sind: Mitarbeiterorientierung, Kundenorientierung, Qualitätsorientierung, Leistungsorientierung, Stärke der Unternehmenskultur und Anpassungsfähigkeit."[2] Die größte Gruppe in der Unternehmenskultur Gesundheitswesen stellt nach wie vor die Pflege dar. Auch hier hat sich das Arbeitsumfeld verändert. Ansteigende Anforderungen, höhere Arbeitsdichte und immer mehr Schwerstkranke prägen das Bild (unsere Hochleistungsmedizin produziert dadurch, dass fast alles operiert wird, jährlich ca. 12- 15.000 Schwerstpflegefälle). Durch die Einführung der Fallpauschalen bis zu 01.01.2003 § 17b Krankenhausgesetz (DRG) werden die von den Krankenkassen zur Verfügung gestellten Gelder völlig neu verteilt „Die Diagnosis Related Groups beschreiben einen stationären Patientenfall und summieren alle Ressourcenverbräuche vom Eintritt ins das Krankenhaus bis zum Verlassen der Institution. Die DRG sind ein vollständiges, leistungsgewichtetes Fallgruppensystem (synonym Patientenklassifikationssystem) basierend auf Diagnosen und durchgeführten Operationen."[3] Dies bedeutet, dass tatsächlich entstandene Kosten irrelevant sind. Durch diese Änderung sind unweigerlich Krankenhäuser, welche sich auf Krankheitsbilder spezialisieren bei denen Gewinne möglich sind im Vorteil. Weitere Konsequenzen dieser Politik sind die Überlegungen um den „rentablen Patienten", um den Kostensenkungswettbewerb, Stellenstreichungen und um kostengünstiges Personal. Öffentliche Träger von Krankenhäusern sehen die Lösung Ihrer Notlagensituation oftmals nur noch im Verkauf. Private Krankenhausketten kaufen diese Häuser auf und geben der Krankenversorgung- und Behandlung ein ganz neues Gesicht. Gesundheit als Geschäft mit dem Ziel die betriebswirtschaftliche Kennzahl Umsatzrendite ständig zu steigern. In einer Studie des Statistischen Bundesamtes (1996- 2006) wird dargestellt, dass sich die Patientenzahlen in Krankenhäusern in diesem Zeitraum um 4,1% erhöht haben, die Verweildauer sich um 21,3 % verringerte, das Pflegepersonal um 14,3% reduziert wurde und die Fälle pro Pflegekraft sich um 21,6% erhöhten. Demgegenüber klingt es fast höhnisch, wenn über massenhafte Fortbildungsangebote in allen Bereichen der Pflege gesprochen wird. Institute zur Fort- und Weiterbildung schießen wie Pilze aus dem Boden und lassen sich ihre Angebote teuer bezahlen. Die sich qualifizierte Pflegefachkraft darf jedoch auch weiterhin fast nichts ohne den Arzt entscheiden. In keinem anderen Beruf wird – „ helfen wollen, gebraucht werden, etwas zurück bekommen, etwas Gutes tun", so häufig in Zusammenhang mit der Berufswahl gebracht. Auch die unprofessionelle Benennung einer Pflegefachkraft mit dem Wort „Schwester", was den Bereichen der Pflege durchaus üblich ist prägt dieses Berufsbild. Diese allseits übliche Benennung hat sich durch die Gesetzesänderung vom 1.Janunar 2004, in der Krankenschwestern und Krankenpfleger künftig Gesundheits- und Krankenpfleger/in bezeichnet werden, nicht verändert.

---

[1] http:// www.unternehmerverband.de/angebote/.../kurzergebnis.doc zit. nach Edgar H. Schein (Professor für Organisationspsychologie und Management), 1985; 2004).

[2] http://www.bmas.de/SharedDocs/Downloads/DE/PDF-Publikationen/forschungsbericht

[3] http://pflegewirt-mueller.de/

Einleitung

Die Idee Nähe zu schaffen und Barrieren abzubauen wird oft in Verbindung mit der vertrauensvollen Definition „Schwester" gebracht. Dass Nähe und Vertrauen mit Fachkompetenz, Freundlichkeit und einer guten Kommunikation gewonnen wird, hat die Pflege, wohl auch durch historisch geschichtliche und erlernt verfestigte Verhaltensweisen noch nicht umsetzen können. Indem die Bundesregierung per Gesetz die Schwester zu Pflegerin gemacht hat (der Pfleger ist geblieben) wurde für die Fachkraft nichts gewonnen, ganz im Gegenteil. Pflegeberufe haben wenig Anerkennung. Nach wie vor sind die geduldigen Zuarbeiter der Ärzte ohne Kompetenz und schlecht bezahlt. Der Gesundheits- und Krankenpfleger[4] verdient im Schnitt 34.000 Euro im Jahr (dies beinhaltet Wechselschicht, Nachtwache, Wochenend- und Feiertagsdienste). Ein Altenpfleger hat ein Jahresgehalt von 24.000 Euro. Ein Assistenzarzt (Neueinsteiger) verdient ab 50.000 Euro und ein Oberarzt ab 140.000 Euro. Eine Krankenschwester, welche im Verwaltungsbereich arbeitet, verdient dagegen ab 41.000 Euro pro Jahr.

Um sich etwas besser zu fühlen übernehmen Pflegefachkräfte sehr gerne ärztliche Tätigkeiten, deren Gelder für die Arbeitsleistung jedoch an die Ärzte ausbezahlt werden, oder ins Ärztebudget fließen. Im Rahmen der Burnout- Prophylaxe sind diese Betrachtungen wichtig, um in die Arbeitssituation der Pflege auch exogene Wirkungs- und Strukturmechanismen mit einzubeziehen. Indem Menschen gepflegt werden, wird kein Vermögen vermehrt und bezahlt wird das Ganze aus Körperschaften des öffentlichen Rechts, die ihre Gelder aus Mitgliedsbeiträgen beziehen. In diese Diskussion fließt auch die Überlegung mit ein, wie wertvoll diese Dienstleistungen angesehen werden im Verhältnis zu anderen Sachen die man sich mit Geld kaufen kann. Durch diese aktuellen exogenen Faktoren werden die Berufsgruppen der Pflegenden in Verbindung mit den geschichtlichen Hintergründen zu einem Spannungsfeld zwischen Geschichte, Tradition und Moderne. Diese Hausarbeit beleuchtet den Bereich der Burnout- Prophylaxe, die sich als präventive und prophylaktische Maßnahme zur Gesunderhaltung in Pflegeberufen in einem multidimensionalen Geschehen versteht.

---

[4] Die männliche Form schließt immer die weibliche mit ein, sowie auch die weibliche die männliche mit einschließt

1 Stress

Der Begriff Stress stammt aus dem Englischen und bedeutet „Druck, Zwang, Anspannung".
Das lateinische Wort stringere bedeutet „anspannen". „Der österr./ kanadische Mediziner Hans
Selye entwickelte in den 30- er Jahren die Grundlagen für die Lehre vom Stress und vom
allgemeinen Adaptionssyndrom. Man nennt dieses Syndrom auch Selye- Syndrom."[5]
Selye definiert Stress als unspezifische Reaktion des Körpers auf äußere Reize.
Cannons Stresstheorie[6], die im Jahre 1932 veröffentlicht wurde, besagt dass ein enger
Zusammenhang zwischen dem „alten Gehirn" (Reptiliengehirn) des Menschen und der
Stressentstehung besteht.

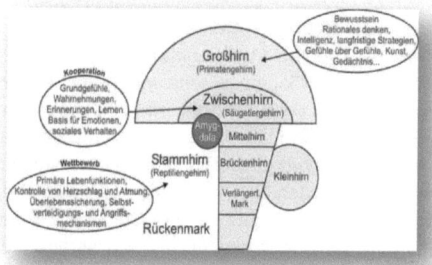

Quelle: http://www.kalkus.at/

Im Zusammenhang mit der Gehirnforschung über die die Auswirkungen des Reptiliengehirns und
Stress schreibt der Hirnforscher
Gerhard Roth: „Dass das "alte Reptilien-Gehirn" (Nachhirn) in bestimmten Stresssituationen die
völlige, lähmende und negative Kontrolle über uns einnimmt. Wann immer unser limbisches Gehirn
und unsere Großhirnrinde in ihrer Leistungsfähigkeit beeinträchtigt sind - sei es durch Alkohol,
Drogen, Stress, Krankheit, Alter, einen starken Glauben, eine feste Überzeugung oder übermäßige
Verliebtheit - geraten unsere Seelenhaltung und unser Verhalten unter den Einfluss unseres
reptilischen Erbes."[7]
Den aktuellen Stand der Stressforschung beschreibt das:

transaktionale Stressmodell nach Lazarus: „Dieses Modell besagt, dass die Stressreaktion nicht
von den Stressoren direkt, sondern von zwischengeschalteten Bewertungsprozessen ausgelöst
wird. Nach Lazarus werden Stressfaktoren individuell und zweifach bewertet: Zunächst wird Stress
nach seinem Belastungsgrad bewertet (die Situation/ der Stressor ist gar nicht, wenig oder stark
belastend).
Mit der zweiten Bewertung wird geprüft, ob die Situation zu bewältigen ist. Hier wäre zu bemerken,
dass es wichtig ist daran zu denken, dass jeder Mensch unterschiedlich Bewältigungsstrategien
besitzt."[8]

---

[5] http://de.wikipedia.org/wiki/Hans_Selye
[6] Walter Bradford Cannon (1871- 1945) US- amerikanischer Physiologe
[7] einfachso.jimdo.com/einfach-so/
[8] Myers 2005, 669, zit. nach Lummer, 2011, S. 58

1.1   Stress: Formen, Phasen und Stressoren

Stressformen

Stress wird zumeist in Verbindung mit Überforderung gebracht. Jedoch werden die Stressformen in zwei Stressarten klassifiziert:

Eu – Stress: Positiver und motivierender Stress. Die Vorsilbe wird vom Griechischen abgeleitet und bedeutet: „gut". Eustress fordert heraus und regt Körper und Geist an. Dieser positive Stress fördert die persönliche Motivation, hilft dem Immunsystem sich gegen Krankheiten zu wehren, kann begeistern und sogar zu einem Überlegenheitsgefühl führen. Jedoch ist auch der positive Stress längerfristig belastend und ungesund.

Dis- Stress: Negativer, belastender Stress. Die lateinische Vorsilbe „Dis" steht für das Wort „schlecht". Wird Disstress ignoriert oder nicht erkannt, führt er längerfristig zu körperlichen, geistigen und seelischen Symptomen und in Folge zu Krankheiten. Disstress kann äußerliche und selbst auferlegte Ursachen haben, wie zum Beispiel: Zeitdruck, Leistungsdruck, persönliche Erwartungshaltung, Angst zu versagen und Bemühungen ohne Ergebnis.

Stressphasen

Die Alarmphase
Stress löst zuerst Alarm aus. Dies äußert sich psychisch und physisch durch inneren Druck und Anspannung. Die Ausschüttung der Hormone Adrenalin und Noradrenalin erhöhen den Blutdruck und steigern den Muskeltonus. Scheinbar unnötige Körperfunktionen werden reduziert, wie zum Beispiel: Verdauung, es entsteht entweder Verstopfung oder Durchfall (Reizdarm), die Immunabwehr wird geschwächt und die kognitiven Leistungen lassen nach.

Die Resistenzphase
In dieser Phase befindet sich der Körper pausenlos im Modus der Energiemobilisierung. Diese aktvierte Energie kann jedoch nicht verbraucht werden. Eine kontinuierliche Schwächung des Immunsystems und Schädigungen des endokrinen Systems[9] sind nur einige Folgen. Konzentrationsschwierigkeiten, Magengeschwüre, Infarktrisiken und Arteriosklerose kennzeichnen das Stadium der Resistenz.

Die Erschöpfungsphase
In der Erschöpfungsphase chronifizieren sich die Symptome. Der Organismus kann keine Energie mehr zur Verfügung stellen. Der Körper kann nicht mehr zwischen positivem und negativem Stress unterscheiden. Nicht selten kommt es in dieser Phase zu Depressionen und zum Burnout.

Bei allen Stressphasen gilt jedoch: Je gesünder der Körper, desto länger können Stressphasen ertragen werden.

---

[9] Das endokrine System ist eine Bezeichnung für alle Organe und Gewebe, die Hormone produzieren.

1.1   Stress: Formen, Phasen und Stressoren

Die Stressoren

Stressoren sind Stressfaktoren, die alle inneren und äußeren Reiz- Ereignisse bezeichnen, welche eine adaptive Reaktion erfordern. Stressoren werden in vier Klassen aufgeteilt.

1. Körperliche Stressoren wie Hitze, Kälte, Lärm, Hunger, Krankheit und Schlafentzug
2. Psychische Stressoren wie Unsicherheit, Arbeit, Karriere, Angst, Zeitdruck, Beschleunigung der Arbeitsprozesse
3. Soziale Stressoren wie Konflikte, Meinungsverschiedenheiten, Mobbing, Verlust
4. Chemische Stressoren wie Nikotin, Alkohol, Drogen, Chemikalien (auch konventionelle, mit Erdöl belastete Körperpflegeprodukte und Kosmetik)

1.2   Stressbeschwerden

Stressbeschwerden lassen sich in folgende Teilbereiche untergliedern:

a) den Körper betreffend: Kopfschmerzen, Diarrhö[10] oder Obstipation[11], Herzrasen, Schwindelgefühl, Infektanfälligkeit, schlechte Wundheilung, prämenstruelle Beschwerden, Schilddrüsenüberfunktion, Diabetesneigung, erhöhtes Cholesterin

b) Beschwerden im Bereich der Vitalität: Unruhe, Hypersensibilität im Bereich der Sinneswahrnehmungen (laute Geräusche, Lärm, Lichtwahrnehmungen, Gerüche), Interessenverlust – Passivität vor dem Bildschirm, Nachlassen der Merkfähigkeit, Verlust der Aktivität wird ausgeglichen durch: Kaffee, Nikotin, Alkohol. Schmerz- und Schlafmittel, frühzeitiges Ermüden

c) Beschwerden im Bereich Erleben und Emotion: negative Gedanken überlagert positives Denken, Panikattacken, Versagensangst, sich Situationen entziehen (am Arbeitsplatz), erhöhte Reizbarkeit, Schuldgefühle, Verletzung des Selbstbilds (ich bin der, für den ich mich halte, das was ich mir erdenke, wer ich bin)

d) Beschwerden im Bereich der Steuerung und Motivation: Humorlosigkeit, Verlust von Motivation und Begeisterung, Kreativitätsverlust, „ die Notbremse nicht mehr finden können", Weiterentwicklungsangst, Zynismus, suizidale Gedanken

---

[10] von griechisch diárrhoia –„Durchfall"
[11] lateinisch ob, „zu", „entgegen" und stipare, „vollstopfen", „dicht zusammendrängen",

2   Der Begriff Burnout

Burnout wird folgendermaßen definiert:
„Burnout wird in der „Internationalen Klassifikation der Erkrankungen" (ICD-10) als „Ausgebrannt sein" und „Zustand der totalen Erschöpfung" mit dem Diagnoseschlüssel Z73.0 erfasst."[12]
„Burnout bezeichnet einen besonderen Fall berufsbezogener *chronischer Erschöpfung* und wurde 1974 erstmalig von Herbert Freudenberger und Christina Maslach definiert. Synonym wird der Begriff Erschöpfungssyndrom gebraucht. Das zusammengesetzte Wort Burnout-Syndrom weist darauf hin, dass es mehrere Symptome dafür geben kann, die auch nicht unbedingt dieselben Ursachen haben müssen und immer in Wechselwirkungen zueinander stehen."[13]
„Nach Cherniss (1980) ist Burnout das Resultat eines transaktionalen Prozesses, der sich aus Arbeitsbelastungen, Stress und psychologischer Anpassung zusammensetzt, ..."[14]
„Nach Burisch (1994) tritt das Burnout- Syndrom nicht nach einzelnen hoch belastenden Ereignissen auf, sondern als Folge eines chronisch schleichenden Prozesses. Burnout steht am Ende einer Kette von:
- frustrierten Erwartungen
- misslungenen Plänen und
- ausgebliebenen Belohnungen."[15]
Prof. Matthias Burisch ist einer der anerkanntesten Burnout-Experten.
In einem Interview mit der Münchner Stiftung MyHandicap äußerte er sich zum Burnout folgendermaßen:

„Es gibt Dutzende von Definitionen, die aber alle nicht überzeugen. Ich werde da keine weitere hinzufügen. Einigermaßen Einigkeit besteht über die folgenden Punkte:

- Burnout ist ein krisenhafter Prozess. So etwas bricht nicht von einem Tag auf den anderen aus.

- Burnout ist im Kern etwas Emotionales, das gleichwohl Körper und Geist in Mitleidenschaft ziehen kann.

- Burnout kann zu völliger Arbeitsunfähigkeit, aber auch zum Suizid führen.

- Burnout verursacht bei den Betroffenen (und den ihnen Nahestehenden) Leid, aber auch beträchtliche Betriebs- und volkswirtschaftliche Kosten.

- Meine eigene Theorie besagt, dass Burnout-Prozesse dann beginnen, wenn Dauerstress in Fallensituationen zu einem chronischen Gefühl der Hilflosigkeit geführt hat."

Blickt man nochmals auf den Diagnoseschlüssel der internationalen Klassifikation der Erkrankungen, so wird dort im Abschnitt Z73 Burnout definiert als: „ Probleme mit Bezug auf Schwierigkeiten bei der Lebensbewältigung.

---

[12] de.wikipedia.org/wiki/Burnout-Syndrom
[13] http://www.pflegewiki.de/wiki/Burnout
[14] http://www.ewi-psy.fu-berlin.de/einrichtungen/arbeitsbereiche/arbpsych/media/lehre/ws0708/12671/burnout_ueberarbeitung.pdf
[15] Christine Roth Dip. Psych. Script F + U 2009 vgl. Burisch 1994

2   Der Begriff Burnout

Nach dieser Einstufung ist der Burnout eine Rahmen- oder Zusatzdiagnose und keine Behandlungsdiagnose, die zum Beispiel eine Einweisung in ein Krankenhaus nach sich zieht!"[16] Die Frage, die sich hier stellt ist die, ob Burnout tatsächlich als Rahmen- oder Zusatzdiagnose gesehen werden darf, oder ob die Lebens- und Arbeitsbedingungen hier eine völlig neue und kulturell bedingte Krankheit geschaffen haben. Durch die individuellen und komplexen Symptome ist natürlich eine Klassifizierung, Beurteilung und Einstufung von Burnout schwierig. Das Verlieren des „normale Lebens" ist vielleicht viel mehr als eine Krankheit. Burnout als beschädigender Prozess von körperlicher und geistiger Kraft, von Menschenwürde, gegenseitigem Verständnis und doch so normalen menschlichen Emotionen. Ein Prozess der emotionalen Demontage mit Verlust des gewachsenen Selbstbildes. Ein Prozess von Entpersonalisierung an der eigenen Existenz.

2.1   Die sieben Phasen des Burnout

Die Burnout- Symptomatik wird von Professor Dr. Matthias Burisch in sieben Phasen beschrieben und unterschieden:

1. Warnsignale (Anfangsphase)
Diese Phase ist primär gekennzeichnet durch einen überhöhten Energieeinsatz wie zum Beispiel: Hyperaktivität, freiwillige, unbezahlte Mehrarbeit, das Gefühl zu haben unentbehrlich zu sein, das Gefühl keine Zeit zu haben, die Verleugnung der eigenen Bedürfnisse, Reduzierung der sozialen Kontakte auf die zu Pflegenden.
Sekundär zeigt sich in diesem Stadium: Erschöpfung, Energiemangel, Unausgeschlafenheit und das Gefühl nicht Abschalten zu können

2. Reduziertes Engagement

In der Arbeit mit den zu Pflegenden:
Der Verlust des positiven Gefühls, größere Distanz, höhere Akzeptanz von Kontrollmitten wie zum Beispiel in der Vergabe von Sedativa oder Tranquilizern, Dehumanisierung[17] und Schuldzuweisungen- der Kranke/ Patient ist schuld.

Im Umgang mit Kollegen:
Verlust der Empathie, Verständnislosigkeit, Schwierigkeiten anderen zuzuhören, Gefühlskälte

In der Arbeit:
Desillusionierung, negative Einstellung zur Arbeit, zu spät kommen, Fehlzeiten, Widerstand täglich zu Arbeit zu gehen

---

[16] http://derburnouthelfer.wordpress.com/tag/diagnoseschlussel-z73-0/
[17] Entmenschlichung

2.1 Die sieben Phasen des Burnout

2. Reduziertes Engagement

Im Bezug auf die persönlichen Ansprüche:
„Ich- Bezogenheit", Eifersucht, das Gefühl ausgebeutet zu werden, das Gefühl der mangelnden Anerkennung

3. Emotionale Reaktionen

Auftretende Depressionen und Aggressionen wechseln sich ab oder kollidieren. Depressive Symptome können sein: Schwächegefühl, Apathie, Humorlosigkeit, Nervosität, Pessimismus Aggressive Reaktionen zeigen sich durch: Ungeduld, Launenhaftigkeit, Misstrauen, Intoleranz

4. Abbau

In den kognitiven Leistungen:
Konzentrations- und Gedächtnisschwäche, Entscheidungsunfähigkeit und Desorganisation
In der Motivation:
Dienst nach Vorschrift, verringerte Initiative
In der Kreativität:
Verringerte Phantasie und Flexibilität
In der Entdifferenzierung:[18]
Schwarzweißdenken, Widerstand gegen jede Veränderung

5. Verflachung

Des emotionalen Lebens:
Gleichgültigkeit und Verflachung der gefühlsmäßigen Reaktionen
Des sozialen Lebens:
Exzessive Bindung an Einzelne, Verflachung der persönlichen Anteilnahme, suche nach interessanteren Kontakten, Einsamkeit
Des geistigen Lebens:
Aufgabe von Freizeitaktivitäten, Desinteresse, Langeweile

6.Psychosomatische Reaktionen

In dieser Phase leidet der Betroffene an: Schlafstörungen, Albträumen, Kopfschmerzen, Verdauungsstörungen bis hin zu Magen- Darm Geschwüren, Bluthochdruck, Muskelverspannungen, Rückenschmerzen und verstärktes Konsumieren von Alkohol, Kaffee und anderen Drogen

7. Verzweiflung

Die siebte Phase nach Burisch hat als Symptome:
Hoffnungslosigkeit, Existenzielle Verzweiflung, völliger Verlust des Lebenssinns, keine Kraft mehr zu Leben, Selbstmordabsichten.

In diesem Kontext wäre auch Thomas M.H. Bergner zu erwähnen. Der Facharzt für Dermatologie und Allergologie beschäftigt sich seit vielen Jahren mit dem Burnout-Syndrom und ist Autor des

---

[18]Entdifferenzierung: „Alles gleich machen", keinen Unterschied mehr erkennen

2.1   Die sieben Phasen des Burnout

Buches „Burnout-Prävention: Das 9-Stufen-Programm zur Selbsthilfe". Seit 1994 arbeitet er als Coach und Trainer.

Bergner beschreibt das Burnout Syndrom mit drei Merkmalen:
1. Emotionale Erschöpfung
2. Depersonalisation
3. abnehmende Leistungsfähigkeit

Außerdem gliedert er Burnout in drei Phasen:

Phase 1: Aggression und Aktivität
Phase 2: Flucht und Rückzug
Phase 3: Isolation und Passivität

Bergner beschreibt Burnout außerdem folgendermaßen: „Der Verlauf orientiert sich ebenfalls an der Zahl drei: Es gibt drei verschiedene, langsam ineinander übergehende Phasen. Nicht zuletzt werden die drei Ebenen des Menschen, sein Körper, seine Seele und auch sein Geist von Burnout berührt."

2.2   Die alternative Idee: Burnout als eine individuelle Sucht

Der Dipl.- Psychologe und Coach Markus Väth beschreibt in seinen Buch: „Feierabend hab ich, wenn ich tot bin"[19], dass es noch kein tatsächlich einheitliches Modell im Bezug auf Burnout Verläufe gibt. Seine Verlaufsdefinition gliedert sich in fünf Phasen:

Die Phase des Enthusiasmus
Väths Phase eins besagt, dass Persönlichkeitsfaktoren wie Perfektionismus und der unabdingbare Wunsch zu helfen die Einstiegsdroge sind. Der Einzelne wird quasi vom System durch Belohnung „angefixt". Geld, Karriere, Status oder die Selbstbestätigung durch Aufopferung fördern den Einstieg in die individuelle Szene. Dieses Stadium ist scheinbar für das Unternehmen und den Arbeitnehmer eine „Win-win" Situation: Belohnung gegen hochproduktive Arbeitsleistung. Das ideale und hochlabile Paar der heutigen Arbeitsgesellschaft.

Die Phase der Stagnation
In dieser Phase verlieren die Belohnungen ihren Reiz, die Arbeitsbelastung bleibt, die Produktivität sinkt. Jetzt werden Reserven angegriffen- mental und emotional- unbemerkt! Durch die große Belastbarkeit des menschlichen Organismus kann diese Phase lange kompensiert werden. Hier beginnt jedoch die Uhr zu ticken. Der „Burnoutler" konsumiert immer mehr „Drogen" und hat einen unverhältnismäßig stärkeren Leistungsabfall.

Die Phase der Frustration
Väth bezeichnet diese Phase als „den Ausbruch". Perspektivlosigkeit im Bezug auf Verbesserung, dagegen wird die erlernte Hilflosigkeit weiter ausgebaut. Der Organismus kämpft permanent mit Überlastung und die Fassade des sozialen Funktionierens bröckelt. Depressive Phasen wechseln mit Motivationsinselhopping.

---

[19] Markus Väth, „Feierabend hab ich, wenn ich tot bin,"4. Auflage 2012, GABAL Verlag GmbH , Offenbach, ISBN: 978-3-86936-231-1

2.2   Die alternative Idee: Burnout als eine individuelle Sucht

Die Phase der Apathie
Die erlernte Hilflosigkeit hat sich perfektioniert und zeigt sich in vollem Umfang. Der Akteur wird zum Statist und lässt sein Schicksal vor sich ablaufen. Reizbarkeit und Unkonzentriertheit werden durch kleinste Veränderungen im Tagesablauf aktiviert. Soziale Kontakte werden weniger. In dieser Phase wirkt sich das individuelle Schicksal des Einzelnen auf das ganze Team aus- die Teamleistungen auf jeder Ebene verschlechtern sich.

Das Endstadium
Nach Väth wird in der letzten Phase der Junkie von seinem Dealer durch Freistellung oder Restrukturierung[20] fallen gelassen. Das stillschweigende Anfangsbündnis Belohnung gegen Leistung wird gekündigt. Das medizinisch- therapeutische System darf die Reste einsammeln und versuchen, aus dem „Gefallenen" wieder einen „Gehenden" zu machen.

In Väths Darstellung der Burnout- Phasen betont er, dass der klassische Burnout- Betroffene belastet werden will, auch der Wunsch nach Überlastung ist da, denn das gibt den „Kick". Väth erläutert weiter, dass nicht das Netz aus Kliniken und Therapeuten Regeneration bringt, sondern dass die persönliche und ganz bewusste Entscheidung zur Genesung in Verbindung mit der Neuprägung von Werten, der Rolle von Arbeit für das eigene Selbstbild und eine Lösung vom Mechanismus „Anerkennung gegen Leistung" der tatsächlich helfende Weg ist.

Für alle vorab beschriebenen Phasen von Burnout gilt jedoch:

Burnout kann in jedem Stadium unterbrochen und beendet werden!

3.   Burnout- eine volkswirtschaftliche Katastrophe?

Die leistungsdynamische und sich ständig optimierende Menschheit sucht sicherlich nach Lösungsansätzen zur Stressvermeidung oder zur Burnout- Prophylaxe. Dass immer noch mehr Energie in die Nachsorge als in die Vorsorge investiert wird ist ein Verständnisproblem, das mit wirtschaftlichen Interessensvorstellungen kollidiert. Ansätze, welche die vorhandenen „Nebenwirkungen" insofern umgehen können, indem optimiert und angepasst wird sind reizvoller als sich mit dem Kollaps des Einzelnen zu beschäftigen. Hier gilt es auch zu bedenken, dass die ansteigende Zahl der „Burnout- Fälle" ein lukrativer Markt ist, indem viele privaten Hilfeleistungen angeboten werden.
Grundsätzlich gibt es nämlich keine spezielle Burnout-Therapie. Im Rahmen einer ambulanten Psychotherapie durch einen Vertragsarzt oder einen zugelassenen psychologischen Psychotherapeuten tragen die Krankenkassen die Kosten zum Beispiel für eine Verhaltenstherapie. Der verursachte wirtschaftliche Schaden beträgt laut Berichten der WELT ONLINE jährlich sechs bis sieben Milliarden Euro. In der Fürstenberg- Performance Studie[21] werden die wirtschaftlichen Folgekosten von psychosozialen, familiären und körperlichen Problemen allein in Deutschland auf 364 Milliarden Euro geschätzt.

---

[20] das Versehen mit einer neuen Struktur; Umgestaltung, Neuordnung, Versetzung an einen anderen Arbeitsplatz
[21] http://www.hwwi.org/fileadmin/hwwi/Leistungen/Gutachten/Fuerstenberg-Performance-Studie_2011_Kurzfassung.pdf

3.   Burnout- eine volkswirtschaftliche Katastrophe?

Dies entspricht ca. 16% des realen Bruttoinlandprodukts. Hinsichtlich dieser Zahlen werden sich „ Firmen das Ignorieren von strukturellen Burnout- Faktoren und das Delegieren des Problems an die Gesundheitsindustrie nicht mehr lange leisten können."[22]

4   Wachkoma mit Ritalin

Die Diskussion um Burnout beinhaltet viele Faktoren. Ein kurzer Blick auf das „Ausbrennen" hinsichtlich künstlicher Unterstützer soll hier gestattet sein. Hinter vorgehaltener Hand ist das Medikament Ritalin (Methylphenidat) längst als Leistungssteigerer bekannt. Bei hochdosierter Anwendung wirkt es antriebssteigernd und euphorisierend, ähnlich wie Kokain. Vor allem in den USA wird Ritalin zur Steigerung der beruflichen Leistung eingenommen. Da Methylphenidat unter das Betäubungsmittelgesetz fällt, sollte man glauben, dass es nicht leicht zu bekommen ist. Dies ist ein Trugschluss. Sowohl durch Weitergabe von Hand zu Hand, als auch als auf speziellen Internetseiten ist Ritalin zu bekommen. Ritalin ist in Deutschland verschreibungspflichtig; aber es gibt im Internet diverse Anbieter aus dem Ausland, die diese Pillen ohne Beipackzettel und ohne Originalverpackung per Briefsendung verschicken. Das Medikament gehört zu den sogenannten „Uppers"- was soviel wie Wachmacher bedeutet. „Dazu zählen sowohl legale Drogen wie Koffein und Ephedrin, aber auch die illegalen Aufputschmittel auf Amphetamin-Basis. Man rechnet Kokain ebenso dazu wie das Methamphetamin oder verschiedene ringsubstituierte Phenethylamin- Derivate wie z. B. MDMA oder MDA (beide sind auch unter dem Namen Ecstasy bekannt)."[23] Zur Leistungssteigerung eingenommenes Ritalin ist eine Mogelpackung. Kurzfristiger Leistungssteigerung folgt ein noch stärkeres Tief, da dieses Medikament etwas bewirkt, was vom Körper nicht umsetzbar ist- Leistungssteigerung mit leeren Akkus. Im Zusammenhang damit spricht man auch von pharmakologischem Neuro-Enhancement. Dies ist die Einnahme von psychoaktiven Substanzen aller Art mit dem Ziel der geistigen Leistungssteigerung.
Ritalin wird im Buch des Dipl.- Psychologen Markus Väth, mit dem Titel: „ Wenn du ein totes Pferd reitest: Steig ab." als „ Krankenkassen- Koks" bezeichnet. Die Überschrift dieses Kapitels: „ Wachkoma mit Ritalin" soll aufzeigen, dass die Problematik um die Burnout- Situation im Berufsfeld, nicht nur in Pflegeberufen, inzwischen in eine ganz neue und durchaus problematische Richtung geht. Leistungsdruck, Ausbrennen und seine Folgen und die falsch verstandene Definition von guter Arbeitsleistung. Funktionieren um jeden Preis.
Ganz offensichtlich ein Wach- Koma im Burnout und somit dramatisch in doppelter Hinsicht.

5   Bestandsaufnahme der Arbeitssituation von Pflegekräften

In jedem Bereich der Pflege wird die erwartet, dass die Pflegekräfte 24 Stunden am Tag, sieben Tage die Woche, am Wochenende und an Feiertagen bereit sind zu arbeiten.

---

[22] Markus Väth, Feierabend hab ich, wenn ich tot bin,, 4. Auflage 2012, GABAL Verlag GmbH , Offenbach, ISBN: 978-3-86936-231-1
[23] http://de.wikipedia.org/wiki/Upper_%28Drogen%29

5 Bestandsaufnahme der Arbeitssituation von Pflegekräften

Nachfolgend soll dargestellt werden, unter welchen Rahmenbedingungen die verschiedenen helfenden Berufe arbeiten *dürfen* und ob dies die Gesunderhaltung oder das Erkranken fördert.

5.1 Pflegekräfte im Krankenhaus

In der Fachzeitschrift für ambulante und stationäre Pflege- *Pflegezeitschrift- Kohlhammer Verlag*, wurde im Februar 2011 eine Studie veröffentlicht, welche die Gründe für Burnout in der Pflege beleuchtet. Die Forscher werteten 1500 Fragebögen aus, mit deren Hilfe sie unter anderem die Überlastung beim Pflegepersonal in deutschen Krankenhäusern gemessen haben. Die Studie fand heraus, dass im Rahmen der Gesundheitsreform, die massiven Stellenstreichungen von 1996 bis 2008 die Pflege insgesamt 50.000 Vollkraftstellen kostete. Als Folge davon stellten sie einen deutlich reduzierten und statistisch überalterten Personalbestand fest. Die Inkaufnahme, dass das „übriggebliebene Pflegepersonal" bei deutlich stärkerer Arbeitsbelastung immer höher qualifizierte Pflege zu erbringen hat ist die Folge. Nicht bedacht wurde im Rahmen der Reform, dass durch diese Einsparungen ein sogenannter „Soft Fact"[24] entstand, dessen Auswirkungen längerfristig nicht messbar und kalkulierbar sind. In der Studie wurde außerdem darauf hingewiesen, dass nicht nur das Pflegepersonal gefährdet ist, sondern im gleichen Maß die Patientensicherheit. Jede Pflegekraft weiß, dass die Qualität ihrer Arbeit direkte Auswirkungen auf die Patientenversorgung hat. Auch wurde festgestellt, dass die Situation des unzufriedenen Patienten einen unbewussten Druck auf die Pflegekraft ausübt. Durch die Verpflichtung zur Abrechnung nach Diagnosebezogenen Fallgruppen (DRG) wurde ein System geschaffen, das den Patienten auf einen Abrechnungsposten reduziert mit dem Ziel effizient und schnell an ihm zu arbeiten und ihn schnell zu entlassen. Pflegekräfte in Krankenhäusern erbringen inzwischen so viele Überstunden, dass das in Anspruch nehmen derselben zur Folge hätte, dass ganze Abteilungen für mehrere Monate geschlossen werden müssten.

5.2 Pflegekräfte in der Altenpflege

In Einrichtungen der stationären Altenpflege ist die Pflege- Realität ebenso ernüchternd. Altenpflegekräfte arbeiten durchschnittlich 8,4 Jahre in ihrem Beruf, Pflegekräfte in Krankenhäusern dagegen 13,7 Jahre. „Deutschland ist das Land der Alten. 2,5 Millionen Pflegebedürftige gibt es bereits laut dem Institut der deutschen Wirtschaft Köln (IW Köln). Bis in 40 Jahren werde durch den demografischen Wandel die Zahl der Pflegebedürftigen vermutlich auf rund vier Millionen steigen, so die Prognose."[25]
Eine starke Belastung für die Pflegenden ist nicht nur die mangelnde gesellschaftliche Anerkennung des Berufes, sondern auch die damit verbundene unangemessene Bezahlung.

---

[24] nicht in - harten - Zahlen auszudrückenden Faktoren für den Unternehmenserfolg / den Erfolg des Verwaltungsmanagements, z. B. , Strategien, Werte Grundsätze und Führungsstil und die Arbeitszufriedenheit/ der emotionale Faktor der Beschäftigten
[25] www.*arbeitgeber.monster.de*

5.2   Pflegekräfte in der Altenpflege

Die Altenpflege ist bis heute in ihrem sozialen und finanziellen Status nicht mit der Krankenpflege gleichgestellt. Durch diesen Status Quo[26] hat Altenpflege einen noch viel schwierigeren Stand im Bezug auf Anerkennung der geleisteten Arbeit- und vielleicht wiegt der nachfolgende Punkt noch viel schwerer: Der Beruf der Altenpflege ist in der Öffentlichkeit nicht als eine eigene Profession[27] anerkannt, denn „Pflegen kann doch jeder – irgendwie!" In diesem Zusammenhang sollte eine praxisrelevante Darstellung, im Bezug auf Arbeitsbelastung erwähnt werden. In der Altenpflege ist es gängige Praxis, dass zwei Altenpfleger mit einem Schüler, oder einem Altenpflegehelfer in der Frühschicht 40 Bewohner versorgen. Versorgen bedeutet ein Arbeitsaufkommen, das aus Waschen, Essen verabreichen, Essen anreichen, Behandlungspflege, strukturelle und hygienische Pflege der Einrichtung und der Behandlungspflege besteht. Hier stellt sich durchaus die berechtigte Frage, wie das wohl zu bewältigen ist? Wenn dabei noch die Gesunderhaltung am Arbeitsplatz berücksichtigt werden soll, so erscheint dies als nicht zu bewältigendes Problem und ist Ausdruck einer falsch verstandenen Personalpolitik. Ein Zitat von Benner und Wrubel scheint in diesem Zusammenhang speziell für die Altenpflege von Bedeutung:

„Solange die Gesellschaft die Verheißungen der Gesundheitstechnologie überbewertet und dabei vergisst, welch enormes pflegerisches Engagement nötig ist, um die von diesen Verheißungen gesetzten Ziele zu erreichen, werden alle diejenigen, die anderen Pflege, Sorge und Zuwendung schenken, unsichtbar und unterbewertet bleiben."[28]
Altenpflege als unsichtbarer Faktor für sichtbare und täglich eingeforderte Pflegequalität- ein durchaus *„spannender Ansatz".*

5.3   Pflegekräfte in der ambulanten Pflege

Die inneren Bedingungen in der ambulanten Pflege sind dadurch gekennzeichnet, dass in diesem Arbeitsfeld ein besserer Grad an Zufriedenheit und Motivation herrscht. Das Arbeiten in kleinen Teams (im Verhältnis zu stationären Einrichtungen) schenkt dem Einzelnen mehr Beachtung. Pflegedienstleitungen im ambulanten Bereich haben es offensichtlich schon verstanden, dass ihr wichtigstes Instrument zur Qualitätssicherung und Patientenzufriedenheit ein beachteter und zufriedener Mitarbeiter ist. Die äußeren Bedingungen sind jedoch, genauso wie im stationären Bereich gekennzeichnet durch einen hohen Zeitdruck, starke Belastung des Körpers und durch Einzeltätigkeit am Patienten (Heben, Lagern, schlechte äußere Bedingungen wie schwierige und beengte Wohnsituationen der Patienten, geteilter Dienst). Die Einzeltätigkeitsarbeit beinhaltet auch eine hohe Eigenverantwortlichkeit. Auch die immer stärker werdende Notwendigkeit der Dokumentation ist im ambulanten Bereich ein Thema. Die Dokumentation ist das einzige Mittel, um die geleistete Arbeit in Schriftform darzulegen und die geleistete Arbeit nachzuweisen.

---

[26]lateinisch für „bestehender (aktueller) Zustand"
[27] Profession ist hier als Beruf zu verstehen
[28]Benner und Wrubel, zit. nach Wegner (1997, S. 416)

5.3   Pflegekräfte in der ambulanten Pflege

Ein wichtiger Punkt in der ambulanten Pflege ist auch die qualifizierte Schmerztherapie. Hausärzte besitzen leider immer noch zu wenig Wissen in diesem Bereich. Die Pflegekraft steht zwischen der notwendigen ärztlichen Verordnung und dem Anspruch des Patienten Schmerzzustände effizient zu lindern. Der Wunsch des Patienten ist auch immer ein Anliegen der Pflegekraft, denn sie möchte, dass es dem Patienten besser geht. Die Pflegekraft weiß es und der Arzt entscheidet Situationen, oftmals nur zur Zufriedenheit seines Budgets- ein Dilemma ad absurdum. Die äußeren Bedingungen zwingen die gesunde innere Struktur in die Knie. Falsch gewichtete Energien im Rahmen einer Struktur, die vorgibt „weiterentwickelnd" zu sein. Hier stellt sich die Frage, was weiterentwickelt werden soll. Burnout lauert in diesen Prozessen an jeder Ecke.

6   Mission/ Vision Teamcheck- Pflegedienstleitungen in der Pflicht

Der Blick auf- und die Führung eines Teams fordert von einer Pflegedienstleitung Kompetenz in vielerlei Hinsicht.
Sie muss, genauso wie ein Projektleiter, über Motivations- und Kreativitätstechniken[29] verfügen.
Die überregionale deutsche Wochenzeitung DIE ZEIT beschrieb in einen Artikel Führung folgendermaßen:

„Führen heißt, eine Welt zu bauen, der andere Menschen angehören wollen."[30]

Hinsichtlich der Burnout- Prophylaxe ist der Teamcheck die Basis für die Prophylaxe- Arbeit.
Um auswertbare Ergebnisse zu erhalten, muss dieser Check mindestens halbjährlich durchgeführt werden. Diese Frist ist nicht starr und kann jederzeit verkürzt werden. Ein Teamcheck beinhaltet folgende Punkte:
- Welche Rahmenbedingungen hat das Team, hat sich etwas in diesen Bedingungen seit dem letzten Check verändert?
- Ist die Aufgabenverteilung im Team geklärt und schriftlich festgehalten, muss eventuell etwas in der Aufgabenverteilung geändert werden?
- Sind Abläufe geklärt und schriftlich festgehalten, sind neue Abläufe dazu gekommen, müssen alte überarbeitet werden?
- Wie sind die Beziehungen der Mitarbeiter untereinander, hat sich etwas verändert?
- Wie verhält sich der Einzelne im Team, hat sich bei ihm etwas verändert?

Ein wichtiger Punkt beim Teamcheck: Die Pflegedienstleitung sollte dies zusammen mit einem externen Moderator durchführen. „Durch die allparteiliche Perspektive, außerhalb der inneren Teamdynamik, können blinde Flecken erfolgreich aufgedeckt und bearbeitet werden."[31] Jeder Teamcheck muss sorgfältig evaluiert werden, denn nur dann ist er sinnvoll und kann als Instrument zur Teamzufriedenheit, zur Weiterentwicklung und zur Burnout- Prophylaxe genutzt werden

---

[29] Kreativitätstechniken sind Methoden zur Förderung von Kreativität und gezieltem Erzeugen neuer Ideen, um Visionen zu Entwickeln oder Probleme zu lösen
[30] DIE ZEIT Nr. 32 vom 03.08. 2000, 32
[31] http://www.hennig-partner.de/downloads/Anleitung%20zum%20Team-Check.pdf

6.1 Selbstführung- Motiviert zu motivieren

„Motivieren heißt, einen Menschen dazu zu veranlassen, etwas zu tun, weil er es selber will."[32]
Motivation als Instrument zu Burnout- Prophylaxe hat viele Gesichter. Motivieren zu können, bedeutet auch immer, sich selbst zu motivieren. Dies beinhaltet nach Lummer[33]:

- Arbeit am Selbstbild
- Aufbau einer persönlichen Vision
- Schaffung eines inneren Gleichgewichts / Wiederherstellen desselben
- Inanspruchnahme externer Berater in bestimmten beruflichen Situationen (z.B. Übernahme neuer Aufgaben, Wechsel in Führungsverantwortung)

Motivierte Führungskräfte haben einen hohen Anspruch an sich selbst. Dies beinhaltet auch immer in der Arbeit mit Burnout- Prophylaxen, dass diese Führungskräfte selbst in eine Burnout gefährdete Situation kommen können. Deshalb ist die Salutogenese[34] auch bei Führungskräften ein zentrales Thema. Salutogenese ist ein Prozess- und Prozesse unterliegen einem ständigen Weiterentwicklungsanspruch. Antonowsky hat das Kohärenzgefühl als Hauptthese der Salutogenese definiert. Kohärenz beinhaltet:

- die Stimuli, die sich im Verlauf des Lebens aus der inneren und äußeren Umgebung ergeben, strukturiert, vorhersehbar und erklärbar sind = Gefühl von Verstehbarkeit
- Vorhandensein von Ressourcen um den Stimuli begegnen zu können = Gefühl von Handhabbarkeit bzw. Bewältigbarkeit
- Dass Anforderungen Herausforderungen sind und dass Anstrengungen und Engagement sich lohnen= Gefühl von Sinnhaftigkeit bzw. Bedeutsamkeit

Je ausgeprägter das Kohärenzgefühl einer Person ist, desto gesünder ist sie bzw. desto schneller wird sie gesund und bleibt es.

Führungskräfte müssen also nicht nur genügend Bildung und Motivation mitbringen, damit sie ihr Team gesund erhalten können, sie müssen vielmehr ein solides persönliches und mentales Grundgerüst in sich selbst abgespeichert und abgebildet haben, das es ihnen erlaubt Mitarbeiterorientiert handeln zu können. Und- man kann nur Führen, „wenn man weiß was man Führen will!"[35]

---

[32] Zitat: General Eisenhower
[33] Lummer, 2011, S. 40
[34] Der Begriff Salutogenese (aus: *salus* (= Heil, Gesundheit) und *genese* (=Entstehung)) bedeutet soviel wie Gesundheitsentstehung oder die Ursprünge von Gesundheit und wurde vom israelisch-amerikanischen Medizinsoziologen Aaron Antonovsky (1923-1994) in den 70- er Jahren entwickelt.
[35] Dr. K. Ullmann, Fachdozent F + U, Unterrichtszitat vom 19.01. 2012

6.2   Ist Burnout ansteckend?

Burnout ist kein Individualproblem. Alle Aktionen die in Teams passieren haben einen Einfluss auf alle anderen Teammitglieder. Welches Bewusstsein das einzelne Teammitglied hat ist unerklärlich und kann nicht gemessen oder vorhergesehen werden. Dieses Individualbewusstsein setzt sich unter Anderem zusammen aus:

- persönlichem Erleben
- Wechselwirkung von seelischen Prozessen und körperlichen Abläufen
- Individuelle Verarbeitung von Sinneseindrücken und die individuelle Reaktion darauf
- Empathie[36]
- Individuelle Wahrnehmung von äußeren und inneren Reizen und die Reaktion darauf
- Den Funktionen im Präfrontalkortex[37] und ihre Auswirkungen auf den Einzelnen

Ist also das Bewusstsein ein individuelles Erleben, Verarbeiten und Abspeichern aller Eindrücke, in Verbindung mit bereits abgespeicherten Erlebnissen und visualisierten Erwartungen- positiv oder negativ?

2004 erklärten elf führende Neurowissenschaftler in ihrem „Manifest"[38] folgendes: „Nach welchen Regeln das Gehirn arbeitet; wie es die Welt so abbildet, dass unmittelbar Wahrnehmung und frühere Erfahrung miteinander verschmelzen; wie das innere Tun als „seine Tätigkeit" erlebt wird und wie es zukünftige Aktionen plant. All dies verstehen wir nach wie vor nicht einmal in Ansätzen. Mehr noch: Es ist überhaupt nicht klar, wie man dies mit den heutigen Mitteln erforschen könnte. In dieser Hinsicht befinden wir uns gewissermaßen noch auf dem Stand von Jägern und Sammlern."[39]

In diesem Kontext soll das Bewusstsein im Bezug auf Burnout angesprochen werden. Es wird klar, dass das Bewusstsein ausgesprochen individuell ist- bei jedem einzelnen Menschen. Inwieweit sich das Bewusstsein des Einzelnen auf eine Gruppe/ ein Team auswirkt ist nicht klar. Jedoch weiß man inzwischen, dass ein Mitarbeiter mit Burnout- Symptomen ein ganzes Team „anstecken" kann.

Ein Einzelner kann also dafür sorgen, dass in einem Team eine kollektive negative Stimmung herrscht. Die Folgen davon können sein:

- Gruppenprobleme wie Mobbing
- Leistungsabfall
- Motivationsverlust
- Erhöhter Krankenstand
- Selbständiges Arbeiten fällt schwer
- Freude an der Arbeit weicht sarkastischem Verhalten

---

[36] bezeichnet die Fähigkeit, Gedanken, Emotionen, Absichten und Persönlichkeitsmerkmale eines anderen Menschen oder eines Tieres zu erkennen und zu verstehen

[37] Der präfrontale Cortex empfängt die verarbeiteten sensorischen Signale, integriert sie mit Gedächtnisinhalten und aus dem limbischen System stammenden emotionalen Bewertungen und initiiert auf dieser Basis Handlungen. Er wird als oberstes Kontrollzentrum für eine situationsangemessene Handlungssteuerung angesehen und ist gleichzeitig intensiv an der Regulation emotionaler Prozesse beteiligt.

[38] steht für Grundsatzerklärung, Programm

[39] http://www.theintelligence.de/index.php/wissenschaft/wissenschaft/3506-wie-entsteht-unser-bewusstsein.html

6.2   Ist Burnout ansteckend

- Überarbeitete und erschöpfte Mitarbeiter werden als leuchtende Beispiele für die idealistischen Ziele des Unternehmens dargestellt und gesunde, in einem guten seelischen Zustand befindliche Mitarbeiter verdächtigt man des mangelndes Engagements
- Folglich kann durchaus von einer „Infektionsgefahr Burnout „ gesprochen werden. Die Führungskräfte haben deshalb jeden Tag die Aufgabe, mit fürsorglichem Blick auf die Mitarbeiter und geeigneten Prophylaxe- Maßnahmen dieser Gefahr entgegen zu wirken. Nachfolgend werden in dieser Hausarbeit Instrumente dazu beschrieben.

7   Burnout im „out"- Pflegedienstleitungen in der Prophylaxe- Arbeit

Wie bewahrt sich ein Unternehmen die körperliche und geistige Gesundheit des einzelnen Mitarbeiters und unterstützt ihn in seinem Gesunderhaltungsprozess? Mitarbeiter werden eingestellt, eingearbeitet und identifizieren sich im Lauf der Zeit mit dem Unternehmen. Jeder Mitarbeiter ist bestrebt sich zu entwickeln. Deshalb sollte für ein Unternehmen von Anfang an klar sein, dass jeder die Möglichkeit erhält, sich durch Investitionen des Unternehmens weiter zu entwickeln. Konzepte helfen der verantwortungsvollen Pflegedienstleitung bei allen Weiterentwicklungsprozessen in Theorie und Praxis. Auch in der Diskussion um die Burnout- Prophylaxe stehen Unternehmen in der Pflicht ihre Mitarbeiter zu schulen und zwar in allererster Linie die Pflegedienstleitungen. Das Know- how über prophylaktische Maßnahmen und, wenn ein Mitarbeiter an Burnout leidet, ein Wissen im Bezug auf Hilfsangebote sind Grundanforderungen die in diesem Kontext an die Führungskraft gestellt werden. Eine Pflegekraft in Leitungsposition sollte in der Lage sein gefährdete Teammitglieder zu erkennen und betroffenen Mitarbeitern Hilfestellung zu leisten. Auch das Wissen um Hilfsangebote von außen, z.B. durch einen externen Coach oder Burnout- Begleiter können hier hilfreich sein. Die Burnout- Prophylaxe sollte ein Qualitätskriterium hinsichtlich der Mitarbeiter- und Patientenzufriedenheit darstellen. Um Burnout vorzubeugen sollte überbegrifflich an folgendes gedacht werden:

- Schaffung von Rahmenbedingungen
- Strukturierung der innerbetrieblichen Prozesse
- Angebote/ / Maßnahmen / Lösungsansätze im Fokus der Führungsarbeit

7.1   Schaffung von Rahmenbedingungen

Die Rahmenbedingungen einer Einrichtung kennzeichnen ihre Struktur. Rahmenbedingungen im Bezug auf Burnout- Prophylaxe bedeuten:

7.1 Schaffung von Rahmenbedingungen

- Ist die Pflegedienstleitung im Rahmen ihrer Tätigkeit umfassend qualifiziert?

  - Pflegedienstleitungen sollten eine mindestens 2- jährige Weiterbildung an einer Akademie vorweisen können. Die aktuelle gesetzliche Regelung schreibt lediglich eine 460 Stunden Weiterbildung vor, in Verbindung mit einer 2- jährigen Berufserfahrung. Durch die immer komplexer werdenden Aufgaben, sind diese gesetzlichen Leitungsvoraussetzungen mit einem großen Fragezeichen zu versehen. Sind diese Pflegedienstleitungen zukünftigen Situationen gewachsen, oder wird hier schon an der Basis die Grundlage für ausgebrannte Mitarbeiter geschaffen?

- Wird die Einrichtung von einem geeigneten Betriebsarzt begleitet? Ist der Betriebsarzt weitergebildet im Bereich der Burnout Prävention, der Früherkennung und Hilfsangeboten? Ist der Kontakt zwischen Pflegedienstleitung und Betriebsarzt regelmäßig vorhanden?
- Werden die arbeitsplatzbezogenen Bedingungsfaktoren auch hinsichtlich des Arbeitsschutzes beachtet? Dies bedeutet, dass Burnout- Prophylaxe im Arbeitsschutz / Bereich Gefährdungsbeurteilung von Pflegedienstleitungen beachtet werden muss.
- Wie hoch ist die Fachpersonalquote im Vergleich zu den Hilfskräften? Die Pflegedienstleitung muss hier umfassende Kenntnisse zur Personalbedarfsermittlung- und Planung besitzen (hier wieder der Verweis auf die 460 Stunden Qualifikation!)

7.2 Prävention in der innerbetrieblichen Aktion

Sie beschreiben die verschiedenen Möglichkeiten, wie die Pflegedienstleitung zusammen mit den Mitarbeitern für die Gesunderhaltung aktiv werden kann.

7.2.1 Führungskonzepte

„Führen kann man nicht lernen, Führen ist Lernen."[40]
Dies bedeutet, dass Führung ein ständiger Prozess ist. Beeinflusst wird er durch die Art zu Führen, die Entwicklungsmöglichkeiten des Teams und der Mitarbeiter im Führungsprozess und durch die Flexibilität im Bezug auf die Anpassung oder die Veränderung des Führungsstils. Der richtige Führungsstil ist Burnout- Prophylaxe an der Basis.
Nachfolgend sollen einige Führungsstile dargestellt werden:

- Stil 1: autoritärer:
  Der Schwerpunkt liegt hier im Bereich der Sachziele und der Produktivität
  - im Vordergrund steht das Erreichen dieser Ziele
  - starke leistungsmotivierte Gewichtung der Arbeit

---

[40] Reinhard K. Sprenger „Der Aufstand des Individuums" Campus Verlag 2001

7.2.1   Führungskonzepte

- - hochgesteckte Ziele für die Führungskraft und die Mitarbeiter
  - die Führungsperson entscheidet alles alleine, da sie das meiste Fachwissen hat
  - betriebswirtschaftliche Faktoren stehen im Vordergrund

- Stil 2: Laissez- faire
  - fast keine oder keine Grenzen
  - die Erreichung der Ziele ist nicht definiert und geklärt
  - es gibt kein Feedback
  - Motivation der Mitarbeiter wird nicht belohnt

- Stil 3: karitativ
  - der zwischenmenschliche Faktor hat einen sehr hohen Stellenwert
  - es besteht viel Vertrauen in die Fähigkeiten der Mitarbeiter
  - Sachzielerreichung wird durch die Führungskraft wenig beeinflusst
  - „Hauptsache den Anderen geht es gut" – bei diesem Führungsstil besteht Burnout- Gefahr für die Führungskraft

- Stil 4: kooperativ
  Sowohl die betrieblich zielsetzenden, als auch die menschlichen Bedürfnisse stehen im Mittelpunkt. Für die Führungskraft hat die Gesamtheit dieser Bedürfnisse den gleich wichtigen Stellenwert

- Stil 5: Empowerment als Führungskonzept

  „Wörtlich übersetzt heißt Empowerment soviel wie "Bevollmächtigung". Gemeint ist hiermit die Neuverteilung von Verantwortung. Das Prinzip Empowerment verlagert so viele Entscheidungsbefugnisse wie möglich auf Arbeitsteams oder auf einzelne Mitarbeiter.

Das sorgt für weniger Hierarchie und Bürokratie, entlastet alle Ebenen und spornt durch Mitverantwortung sämtliche Mitarbeiter zu optimalen Leistungen an."[41]

- Empowerment zielt darauf ab, dass Mitarbeiter sich in ihrer Entwicklung selbst zur Weiterentwicklung motivieren
- berücksichtigt die Realitäten des Einzelnen
- „Im Prozess des Empowerment sollen Menschen sich ermutigt fühlen, ihre Angelegenheiten in die Hand zu nehmen, ihre Kraft, die eigenen Fähigkeiten und Möglichkeiten zu entdecken und den Wert von selbst erarbeiteten Lösungen zu schätzen."[42]
- Der Empowerment- Ansatz hat in der deutschen Pflege noch wenig Relevanz. Empowerment in Verbindung mit sogenannten Magnetkrankenhäusern, deren Ursprung in den USA liegt, ist vielleicht ein interessanter Ansatz im Bezug auf Mitarbeiterführung und Burnout- Prophylaxe.

---

[41] Blanchard, Carlos, Randolph, Enright „Management durch Empowerment" rororo- Verlag,3. Auflage ISBN-10: 3499607719
[42] http://othes.univie.ac.at/8911/1/2010-02-18_0408580.pdf, vgl. Herriger 2006,16

7.2.1   Führungskonzepte

Auf dem 17. Düsseldorfer Symposium für Pflegende im März 2012 referierte Dr. J. Feuchtinger vom Universitätsklinikum Freiburg über dieses Thema. Auf der „Internetseite der Uni Düsseldorf"[43] wird dieser Vortrag anhand einer PowerPoint Präsentation zur Verfügung gestellt.

Welcher Führungsstil letztendlich für ein Team geeignet ist, hängt davon ab, in welchem Entwicklungszustand das Team und die einzelnen Mitglieder sich befinden. Führungsstile sind deshalb immer Instrumenten zur Mitarbeiterzufriedenheit- und Entwicklung. Ein Team befindet sich ständig in Entwicklungsprozessen, in jeder Hinsicht. Abgesehen davon, welcher Führungsstil gewählt wird, ist bei allen Führungsstilen etwas für ein Team besonders wichtig:

Es braucht klar definierte Ziele und Werte, es muss ein Sinn erkennbar sein und die Wertschätzung jedes einzelnen Teammitgliedes hat einen hohen Stellenwert.

Burnout- Prophylaxe im Bezug auf Führungsstile fordert eine dem Team angepasste Führung mit klaren Zielen, Wertvorstellungen und Wertschätzungen. Die Herausforderung für die Führungskraft ist herauszufinden, was ihr Team braucht um effizient arbeiten zu können, ohne dabei die Gesundheit der Teammitglieder in Gefahr zu bringen. Vielleicht helfen zwei nachfolgende Zitate zu verstehen, dass Führung viel mehr ist, als nur das bloße Ausführen und Vermischen von erklärten Führungsstilen. Es ist viel- mehr ein Akt des Verstandes, der Empathie und Kreativität und der unabdingbare Wunsch Menschen für etwas zu begeistern.

„Wenn wir die Menschen nur nehmen, wie sie sind, so machen wir sie schlechter, wenn wir sie behandeln, als wären sie, was sie sein sollten, so bringen wir sie dahin, wohin sie zu bringen sind."[44]

„Wenn Du ein Schiff bauen willst, so trommle nicht Männer zusammen um Holz zu beschaffen, Werkzeuge vorzubereiten, Aufgaben zu vergeben und die Arbeit einzuteilen, sondern lehre die Männer die Sehnsucht nach dem weiten, endlosen Meer."[45]

7.2.2   Selbstführung

Ein Mensch der Menschen führen soll benötigt immer kognitive, emotionale und verhaltensbezogene Selbstführungsqualitäten.[46]

[43] http://www.uni-duesseldorf.de/Intensivpflege/seiten/abstract_2010/feuchtinger.pdf
[44] Johann Wolfgang von Goethe: „Wilhelm Meisters Lehrjahre", 8. Buch, 4. Kapitel
[45] Zitat: Antoine de Saint-Exupéry
[46] vgl.: www.persolog-blog.de/.../die-4-dimensionen-der-selbstfuehrung/

7.2.2   Selbstführung

Kognitive Selbstführung bedeutet Gedankenmuster zu durchbrechen, eigen erlernte und geübte Denkansätze neu zu überdenken und zu verändern. Er beinhaltet auch die ständige Bereitschaft des Weiterdenkens.

Emotionale Selbstführung beinhaltet die Bereitschaft des positiven Denkens, positive Denkmuster zu fördern und positive Visionen aufzubauen.

Verhaltensbezogene Selbstführung stellt die Führungskraft vor die Aufgabe erlernte Verhaltensweisen ständig zu überdenken. Manifestierte Verhaltensweisen lassen keinen Raum für Weiterentwicklung. Gerade in der Burnout- Prophylaxe ist die Arbeit der Führungskraft an ihrem eigenen Verhalten ausgesprochen wichtig. Eine Führungskraft die sich verhaltensbezogen nicht weiterentwickelt, kann auf neue oder veränderte Arbeitssituationen nicht adäquat reagieren. Sie wird im Rahmen der Burnout- Prophylaxe eine wenig hilfreiche Führungskraft für die hilfebedürftigen Mitarbeiter sein.
Die Selbstführung im Kontext mit Burnout hat als Lösungsansatz, dass Führungskräfte regelmäßige Leitungssupervisionen und Einzelcoaching in Anspruch nehmen sollten. Externe Beratung ist die unabhängige Hilfe und Lösung von inneren und internen Konflikten und Konfliktsituationen.

„Wer nicht in seinen einmal eingefahrenen Bahnen der Wahrnehmung, der Empfindungen und der Erkenntnis steckenbleiben und seine Freiheit verlieren will, muss den schwierigen Weg wählen und versuchen, sich schrittweise auf den Stufenleitern der Wahrnehmung, der Empfindungen, der Erkenntnis und des Bewusstseins dem anzunähern, was ein menschliches Gehirn auszeichnet: die Fähigkeit, sich selbst immer wieder neu in Frage zu stellen."[47]

7.2.3   Zeitmanagement

Keine Zeit zu haben ist das typische Problem unserer Zeit. Woher kommt der Zeitdruck? Das Gefühl des „mangelnden Zeithabens" versetzt Menschen in Stresssituationen und kann Auslöser für Burnout sein.
In Pflegeteams hat Zeit nochmals eine ganz andere Dimension. Zeit ist die Messlatte wie „gut sich das einzelne Teammitglied fühlen darf". Gut im Sinne von: Wer schnell arbeitet, schnell fertig ist, dafür sorgt, dass niemand einen Teil seiner Aufgaben erledigen muss ist ein guter Kollege. Dies kann jedoch auch bedeuten:
Der „gute Kollege" hat schnell acht Patienten gewaschen und weiß, dass die von ihm Gewaschenen sich nicht gut dabei fühlten- alles ging zu schnell. Das Team empfindet es jedoch als gute Leistung. Wessen Meinung ist dem Mitarbeiter nun wichtiger? Diese Situation, die täglich in pflegerischen Einrichtung vorkommt bezeichne ich als Prä- Burnout Situationen. Sie werden bewusst unterdrückt und nicht wahrgenommen. Denn Pflege hat in ihrem Bewusstsein verankert:

---

[47] Gerald Hüther (2005) _Bedienungsanleitung für ein menschliches Gehirn_ (5. Auflage). Göttingen: Vandenhoeck & Ruprecht S. 120

7.2.3 Zeitmanagement

- Alle haben Stress, (ohne Stress bin ich nichts wert)
- Ich möchte den Erwartungshaltungen in meinem Team gerecht werden (wie empfindet das der gerade „polierte" Patient in Zimmer drei?)
- Ich kann nicht „nein" sagen (ich schaffe alles)
- Ehrgeiz: Schneller, weiter, besser, noch besser (mehr geht immer)
- Existenz- und Versagensängste (wenn ich nicht optimal funktioniere bin ich nichts wert)
- „Keine Zeit" kann auch als Ausrede benutzt werden (meist das Anfangsstadium von Burnout)
- An alten Strukturen festhalten (früher haben wir das auch so gemacht)
- EDV/ Industrialisierung (schlecht eingearbeitete Mitarbeiter)

Zeitprobleme können als Ursache haben:

- Bestimmte Arbeiten dauern länger als geplant
- Vorbereitung,- und Nachbereitungszeiten werden nicht erkannt
- Mangelnde Motivation
- Probleme in physischer und psychischer Hinsicht

Viele Mitarbeiter kollabieren unter diesem Zeitdruck und erkranken. Führungskräfte haben die Aufgabe das Zeitmanagement ihres Teams so zu gestalten, dass:

- Zielsetzungen in Arbeitsabläufen klar sind
- Die Konzentration auf das Wesentliche erfolgt
- Zeit für Reflexion da ist
- Gelassenheit und positives Denken gefördert wird
- Mut vorgelebt wird um Prioritäten setzen zu können

7.2.4 Mitarbeitermotivation

Die positive Mitarbeitermotivation ist ein Instrument zur Burnout- Prophylaxe. Dazu gehört jedoch primär, dass die Führungskraft positiv motiviert ist. Motiviert zu sein heißt: „Wie gut kenne ich mich und mein Team um primär innerhalb der betrieblichen Möglichkeiten motivierend führen zu können? Sekundäre Faktoren der Führungskraft sind hier der Blick auf eventuell notwendige Umstrukturierung der Rahmenbedingungen und das mit Einbeziehen der Geschäftsführung und des Trägers in Veränderungsprozesse.

Um ein Team motivieren zu können, muss immer geklärt werden:

- wie geht es dem Team als Gruppe
- wie geht es dem Einzelnen im Team
- Hat das Team eine Identität? Ansonsten entstehen Feindbilder und das Team wird unzufrieden
- Welche besonderen Fähigkeiten haben die einzelnen Teammitglieder
- Sind alle Mitarbeiter entsprechend ihren Fähigkeiten eingesetzt (hier muss nicht unbedingt ein Fort- oder Weiterbildung Grundlage sein.

7.2.4 Mitarbeitermotivation

- Ein Mitarbeiter der zum Beispiel über sehr gute Kommunikationskenntnisse verfügt, kann in verschiedenen Bereichen eingesetzt werden, wo dies benötigt wird)
- Wird dem Mitarbeiter das Gefühl gegeben, dass er entsprechend seinen Qualifikationen eingesetzt wird- und sich weiterentwickeln darf (Mitarbeiter die über einen längeren Zeitraum eine Weiterbildung gemacht haben und dann nicht entsprechend eingesetzt werden, verlieren jegliche Motivation, im besten Fall verlassen sie das Unternehmen)
- Welche längerfristigen Ziele gibt es im Unternehmen, das die Mitarbeiter antreibt, sich weiterentwickeln zu wollen
- Hat das Team einen geeigneten externen Supervisor/ Coach, der das Team begleitet
- Wird das Team und der Einzelne an Zielbildungsprozessen beteiligt, mit einbezogen und wird jeder Einzelne gehört
- Fühlt sich jeder als kompetentes Teammitglied
- Werden Ereignisse im Team beachtet und gefeiert (zum Beispiel wenn ein Mitarbeiter eine Fort- oder Weiterbildung erfolgreich absolviert hat oder ein Mitarbeiter Geburtstag hat)

Motivation und Burnout- Prophylaxe bedeutet jedoch auch immer, dass die Führungskraft sich im Klaren sein muss, dass das Motivieren immer Energie vom Einzelnen fordert. Die Art und Weise wie dieser Prozess gestaltet und durchgeführt wird entscheidet maßgeblich über den Erfolg der Mitarbeitermotivation und über dem sich daraus resultierenden Zufriedenheitsfaktor.

Motivation darf also als Summe aus denen auf das System wirkenden Faktoren gesehen werden, die positiv dazu beitragen dass sich Mitarbeiter in einem Unternehmen wohl fühlen und Bereitschaft zeigen sich zu engagieren. Die Führungskraft hat hier als oberste Priorität die Aufgabe, die Struktur des Systems das sie vertritt und vorgibt zu analysieren und ihre Energien dort einzusetzen wo Strukturen der Verbesserung bedürfen.

7.3 Prävention und Prophylaxe im Detail

Nachfolgend sollen vier Themen und dazugehörige Ideen dargestellt werden, welche die Burnout-Prophylaxe aktiv unterstützen können.

7.3.1 Mitarbeitergespräche

Mitarbeitergespräche ermöglichen es der Führungskraft, sich ein aktuelles Bild über den Zustand des Mitarbeiters zu machen. Aktuell bedeutet hier, hinweisend auf die Häufigkeit, dass Mitarbeitergespräche regelmäßig von der Führungskraft durchzuführen sind. Über die Zeitintervalle der Regelmäßigkeit entscheidet die Führungskraft. Meine Erfahrung mit diesem Zeitkorridor ist der, dass halbjährliche Mitarbeitergespräche wirkungsvoll sind. Mitarbeitergespräche verbessern nicht nur die Kommunikation zwischen Arbeitgeber und Beschäftigten, sondern wirken arbeitsmotivierend und gesundheitsfördernd. Bei diesen Gesprächen können Mitarbeiter

7.3.1 Mitarbeitergespräche

ihre Befürchtungen und möglichen Ängste äußern, ohne mit Sanktionen und Nachteilen rechnen zu müssen.... Bezugnehmend auf die Burnout- Prophylaxe verändert sich die Häufigkeit. Hier gibt es keine festen Regeln. Individuell ist die richtige Antwort! Mitarbeiter die Burnout gefährdet sind, oder bereits Anzeichen zeigen benötigen in den Gesprächen ein anderes System. Es geht hier nicht um das halbjährliche Mitarbeitergespräch oder das Zielvereinbarungsgespräch, auch die Idee dass hier anlassbedingt gesprochen wird ist nur im Ansatz richtig. Diese Gespräche können von der Führungskraft nur dann ohne externe Hilfe geführt werden, wenn sie umfassend im Thema Burnout und Burnout- Prophylaxe weitergebildet ist. Wenn nicht, ist es unabdinglich, einen Coach hinzuzuziehen. Mitarbeiter die gefährdet sind, oder bereits Burnout- Anzeichen zeigen, sind meistens hoch motivierte und aktive Teammitglieder. „Sie ziehen durch die Arbeitswelt wie ein Ritter mit einem exzellenten Schwert: Seinem Wissen, seinem Engagement, seiner Bereitschaft zu kämpfen, zu leiden und zu siegen."[48] Dieser Mitarbeiter empfindet solche Gespräche unter Umständen als einen Übergriff, denn sie sind der Meinung, dass ihre Art Arbeit zu leisten vorbildlich und richtungsweisend ist. Sie haben nicht wahrgenommen, dass etwas nicht stimmt- dieser Mitarbeiter bewegt sich im Rahmen *seiner* Realität auf einem „sehr guten Weg". Wichtig ist deshalb daran zu denken, dass dieses prophylaktische Gespräch nur der Sensibilisierung des Mitarbeiters für das Thema Burnout dienen kann. Es soll ihm helfen sich selbst die Frage zu beantworten: „Wie geht es mir?" Bei Verdacht auf Burnout muss die Führungskraft unbedingt wissen, dass in solchen Gesprächen nichts gelöst werden kann. Dafür gibt es Spezialisten! Im Gespräch sollte auf folgendes geachtet werden:

In der ersten Gesprächsphase:

- Aktives Zuhören
- den Mitarbeiter erzählen lassen, was er erlebt, wie es ihm geht, hier kann sich Geschäftliches stark mit Privatem vermischen
- Dem Mitarbeiter wird ein „Landeplatz" angeboten – das ist oftmals eine große Erleichterung und Entlastung, obwohl noch nichts geschehen ist.
- In einer wohlwollenden Aufmerksamkeit kann man sich selber gut klären!

In der zweiten Gesprächsphase

- Die Führungskraft übernimmt die Gesprächsführung
- Sie sagt und zeigt ihren Eindruck
- Die Führungskraft muss in Vorbereitung auf solche Gespräche weitere Maßnahmen und Angebote vorbereitet haben. Niemals darf ein betroffener Mitarbeiter ohne ein „Kochrezept" das Gespräch verlassen.[49]
- Wichtig ist, dass diese Gespräche schriftlichen festgehalten werden und dass die Führungskraft weitere Termine mit dem Mitarbeiter vereinbart

---

[48] Markus Väth, Feierabend hab ich, wenn ich tot bin,, 4. Auflage 2012, GABAL Verlag GmbH , Offenbach
[49] vgl. http://www.ad-personam.com/Burnout_Gesprachsfuhrung.pdf

7.3.2 Supervision

„Supervision ist ein neutraler, wertschätzender und lösungsorientierter Blick von außen."[50]

Supervision kann in der Burnout- Prophylaxe mit Hilfe eines sensiblen, offenen, freundlichen und lebenserfahrenen Supervisors:

- Ein Team für dieses Thema sensibilisieren
- Durch eine freiwillige Kontrollfunktion die Risikofaktoren aufzeigen
- Prävention leisten im Bezug auf „Betriebsblindheit"(man neigt dazu, bestimmte Probleme zu stark zu werten oder zu leugnen und stellt seine eigene Position nicht in Frage).
- Einen Raum schaffen für Austausch und Reflexion
- Durch Fragestellung Prozesse einleiten, Ratschläge und Handlungsanweisungen werden nicht erteilt
- Helfen, die Arbeitssituation mit Kollegen zu reflektieren
- Durch den Supervisor menschliche Ressourcen einschätzen

Die Supervision ist also, auf die vorhergegangenen Punkte bezogen, ein durchaus sinnvolles Instrument zur Burnout- Prophylaxe und zur Psychohygiene.[51] Im Zusammenhang mit diesem Wissen sollte die Führungskraft in ihrer Pflicht als Leitungsfunktion regelmäßig Supervisionen anbieten und die Wichtigkeit dieser Veranstaltung auch stetig im Team kommunizieren. Die regelmäßige Planung und Durchführung von Supervisionen muss auch ein fester Bestandteil der Dienstplangestaltung sein.

7.3.3 Mitarbeiterbefragungen

Die Arbeitszufriedenheit und die psychische und physische Gesunderhaltung der Mitarbeiter stellt die wichtigste Ressource eines Unternehmens dar. Die Berufsgenossenschaft für Gesundheitsdienste und Wohlfahrtspflege (BGW) hat im Jahr 2011 ein Manual[52] herausgebracht, das die psychische Belastung und Beanspruchung in der Pflege anhand von Mitarbeiterbefragungen feststellen soll. Die BGW miab[53] ist ein wissenschaftlich geprüftes Instrument, das die Einrichtungen selbständig einsetzen können, um die psychische Belastung und Beanspruchung der Mitarbeitern zu erheben. Die BGW miab legt fest:

- Wer befragt wird:
  - alle Voll- und Teilzeitkräfte und Mitarbeiter die während des Befragungszeitraums erkrankt sind

---

[50] Christine Roth, Dipl. Psych., Script 2009, Supervision, F + U Heidelberg

[51] Psychohygiene ist die Lehre vom Schutz und der Erlangung der psychischen Gesundheit.

[52] Handbuch

[53] http://www.bgw-online.de/internet/generator/Inhalt/OnlineInhalt/Medientypen/bgw_20themen/TP-miab-11-14-Mitarbeiterbefragung,property=pdfDownload.pdf

7.3.3   Mitarbeiterbefragungen

- **Wer befragt:**
  - hier wird der Betriebsarzt als besonders geeignet dargestellt, weil er eine Stabsstellenfunktion außerhalb der hierarchischen Struktur hat. Die Führungskraft/ Pflegedienstleitung wird wegen der Vorgesetztenfunktion als weniger geeignet dargestellt.
  - Auch die Mitarbeitervertretung ist geeignet, wenn sie von den Führungskräften akzeptiert ist

- **Wie befragt wird:**
  - mit Fragebögen

- **Besonders wichtig ist:**
  - der systematische Aufbau der Befragung

- **Die Auswertung der Befragung:**
  - anhand einer CD- Rom

Die BGW unterscheidet in der Befragung die:

- **Psychische Belastung**
  - zur Erfassung schwerwiegender und gesundheitsgefährdeter Arbeitsbedingungen
  - umfasst unter anderem Fragen bezüglich Konflikten und Spannungen im Team, Zeitdruck, Arbeitsorganisation (zu wenig Pflegekräfte) und das persönliche Freizeitverhalten
  - Anhand von 22 Fragen wird diese Belastung abgefragt

- **Psychische Beanspruchung**
  - Erfassung des Risikos einer längerfristigen gesundheitlichen Beeinträchtigung
  - Hier wird folgendes abgefragt: Schlafverhalten, körperliches Leistungsvermögen, Ermüdungstendenz, die eigene Stellung im Team und das Freizeitverhalten im Bezug auf Entspannung
  - Anhand von 22 Fragen wird diese Belastung abgefragt

Die Auswertung der Bögen erfolgt separat. Die Ergebnisse werden nach der Auswertung interpretiert und der Interventionsbedarf ermittelt. Darauffolgend werden Maßnahmen, Präventionsvorschläge und ergänzende Strategien dargestellt. Diese Befragung ist in ihrem Ablauf stimmig und kann bei korrekter Durchführung durchaus die Belastungsfaktoren der Mitarbeiter aufzeigen. Der Kritikpunkt in der BGWmiab: Den Punkten der Prävention und der ergänzenden Strategien wird nicht wirklich viel Aufmerksamkeit geschenkt. Zwei Seiten wurde diesen beiden Punkten eingeräumt. Insgesamt ist davon auszugehen, dass eine Führungskraft, welche sich mit dieser Studie beschäftigt, sich primär von den vielen Punkten mit Unterpunkten erschlagen fühlt. Deshalb ist es wichtig, dass bei zu Hilfenahme einer solch vorgegebenen Mitarbeiterbefragung die Verantwortlichen vorab klären müssen, welche Mitarbeiterbefragung für ihr Team sinnvoll ist. Hier soll nochmals angesprochen werden, dass immer der Entwicklungszustand des Teams eine große Rolle spielt und die angewendeten Befragungen speziell für dieses eine Team stimmig sein sollten.

7.3.3 Mitarbeiterbefragungen

Mitarbeiterbefragungen sollten immer Auswirkungen auf die Struktur-, Prozess- und Ergebnisqualität eines Unternehmens haben und deshalb sind sie auch immer ein Instrument zur Gesunderhaltung der Mitarbeiter, die sich unabdingbar und täglich an diesen Prozessen beteiligen. Die Burnout- Prophylaxe in den Mitarbeiterbefragungen geht Hand in Hand mit der Aufmerksamkeit, die ein verantwortungsvolles Unternehmen seinen Mitarbeitern schenkt. Die Befragung dient auch für die Darstellung der Mitarbeiterzufriedenheit bezüglich des mit Einbeziehens in Entscheidungen, Arbeitsabläufe, Mitgestalten von längerfristigen Zielen und die Wertschätzungen des Einzelnen durch unternehmerische Investitionen.

7.3.4 Literaturangebote und Fortbildungen

Literaturangebote:

Im innerbetrieblichen Rahmen sollte den Mitarbeitern immer ein gut sortiertes Literaturangebot zum Thema Burnout- Prophylaxe zur Verfügung stehen. Die Führungskraft kann entweder selbst, oder durch Delegation eines geeigneten Mitarbeiters diese Literaturangebote ständig auf dem neuesten Stand halten. Bücher und Medien die nicht mehr aktuell sind müssen aussortiert werden. Nachfolgend sollen in dieser Hausarbeit einige Literaturvorschläge gegeben werden, welche die Mitarbeiter für dieses Thema sensibilisieren und die Teil einer Hausbibliothek darstellen können:

- Herbert Freudenberger, Burn-out bei Frauen: Über das Gefühl des Ausgebranntseins, Verlag: Fischer; Auflage: 13 (2008) ISBN-10: 3596122724
- Matthias Burisch, Das Burnout-Syndrom: Theorie der inneren Erschöpfung, Verlag: Springer Berlin Heidelberg; Auflage: 4., überarb. Aufl. (4. Oktober 2010), ISBN-10: 3642123287
- Jörg Fengler, Ausgebrannte Teams: Burnout-Prävention und Salutogenese Verlag: Klett-Cotta; Auflage: 1. Aufl. (April 2011), ISBN-10: 3608890971
- Annejet Rümke, Burnout Sprechstunde, Verlag Urachhaus, ISBN 978-3-8251-7689-1
- Markus Väth, Feierabend hab ich wenn ich tot bin, GABAL Verlag GmbH 2011: 4. Auflage 2012, ISBN: 978-3-86936-231-1

Fortbildungen:

Fortbildungen dienen grundsätzlich der Wissensvermittlung. „Der größte Feind ist immer der, über den ich am wenigsten weiß!" Dies gilt auch für das Thema Burnout – Prophylaxe und für die Sensibilisierung für dieses Thema. Burnout- Prophylaxe und „Selbst- Prophylaxe" kann nur dann umgesetzt werden, wenn das notwendige Wissen dazu da ist. Ein informiertes Team geht anders mit diesem Thema um, als ein Team, das nur wenig über Burnout weiß. Uninformierte Mitarbeiter sind unsicher, haben Angst, wissen nicht, wie sie sich ausdrücken sollen und schämen sich zuzugeben, dass sie wenig Ahnung haben. Hier müssen Leitungen erkennen, auf welchem Wissenstand sich ihr Team um das Thema Burnout befindet. Ein informierter Mitarbeiter hat viel größere Chancen sich selbst zu entschleunigen, Situationen zu reflektieren und im Team informierend tätig zu werden.

7.3.4   Literaturangebote und Fortbildungen

Die Weitsichtigkeit der Pflegedienstleitung und das aktiv werden im Bezug auf Fortbildungsangebote für die Mitarbeiter kann vorhandene Kurzsichtigkeit im Team neutralisieren und Wissen erweitern. Der Anspruch, der hier an Leitungen erhoben wird ist jener: „ Füttern sie ihr Team jeden Tag mit Wissen, mit dem das Team etwas anfangen kann und pflegen sie die innerbetriebliche Kommunikation. Wenn sie mit ihren Mitarbeitern täglich wertschätzend reden, sie informieren und ihnen Informationen anbieten, dann ist dies immer eine – „kleine tägliche Fortbildung, für jeden und für alle von ihnen geschätzten Mitarbeitern."

8   Schlusswort

Wenn Führungskräfte sich Gedanken über Burnout- Prophylaxe und ihre Umsetzung machen, sollten sie an folgendes denken:

Ist Burnout das Begleitsymptom einer Gesellschaft, die mit ihrer grenzenlosen Informationsflut nicht mehr umgehen kann? Eine Gesellschaft, die es verlernt hat auszuwählen und stattdessen nur noch grenzenlos konsumiert? Wird arbeiten im Kontext mit: „Viel leisten, keine Fehler zu haben und unbeschränkt belastbar zu sein" gesehen? Eine Gesellschaft, die glaubt dass wir Menschen uns und unser Gehirn, genau wie einen Computer nach Bedarf ein- aus und abschalten können? Dies gilt ebenso für all unsere körperlichen Belastungen. Im Berufsalltag gibt es offensichtlich die „Sucht nach Burnout", oder das hilflose hineingeraten in Ausbrennsituationen ohne Ideen und Lösungen, wie man sich hier jemals selbst erretten könnte. Unternehmen lindern eher, indem sie erst reagieren, wenn jemand „auffällt". Unser Verständnis von Entspannen im Freizeitausgleich besteht bei vielen darin, anstatt auf Waldboden, auf Plastik zu joggen, in vollklimatisierten Fitnessstudios, laute Motivationsmusik im Hintergrund und viele, schwitzende Gleichgesinnte um uns herum. Es stinkt! Egal, es geht nur darum, am besten auszusehen- schlecht definierte Körper stoßen ab- ein Zeichen von Unfähigkeit und minderer Belastbarkeit, keine Ästhetik und kein Ehrgeiz. Es ist schon fast peinlich zu sagen, dass man gerne spazieren geht. Marathon ist viel besser. Wer seinen Urlaub zu Hause oder in Deutschland verbringt ist entweder hoch verschuldet oder hat einen schlecht bezahlten Job. Ein armer Mensch also. Es entsteht der Eindruck, dass nicht allein die Arbeitssituation den Einzelnen in den Burnout treibt, auch die Gestaltung der Freizeit muss möglichst vorzeigbar stressig sein. Je öfter im Fitnessstudio trainiert wird, je mehr Marathonläufe der aktive Freizeitsportler vorweisen kann und je mehr Kurzurlaube gemacht werden, desto besser darf man sich fühlen. Man ist reich an Konsum und kann „ etwas vorweisen". Gegessen wird im Laufen, Convenience Food füllt unsere leeren Mägen mit denaturiertem Etwas, aus der gemütlichen Kaffeepause wird der Coffee to go. Einkaufen ist ein multiples Erlebnis vielfältiger Eindrücke und Reize, es hat Großveranstaltungscharakter. Unsere Kinder posten, statt zu kommunizieren. Das geht viel schneller, ist ohne reale Kommunikation und man erlebt keine wirklichen Situationen. So kann viel mehr Kommunikation konsumiert werden, ohne dass irgendjemand mit irgendwem real geredet hat.

8 Schlusswort

Darf und sollte Burnout als „Erkrankung der Freiheit gesehen werden, die in selbstverschuldeter Unmündigkeit nicht mehr auswählen kann wofür es sich lohnt, sich zu engagieren. Weiß der Einzelne, dass letztendlich er selbst entscheidet wie und in welcher Form er über die bunte Fülle der angebotenen Reize auswählt?[54]

Haben wir keine Filter mehr, die es uns erlauben, krankmachende Reize aus unserem Leben herauszufiltern? Auch im Berufsleben ist der Alltag gefüllt mit Reizen bis an die Grenze des Belastbaren. Durch das ständige Erleben dieser Reizüberflutung entsteht eine Art „Gewöhnungssituation" und das ungewöhnliche und unnormale wird Normalität- eine Art von „Wahn- sinnigem Standard"? In dieser Hausarbeit wurden die beruflichen Problemsituationen bei der Burnout- Entstehung angesprochen, die innerbetrieblichen Lösungsansätze und die Arbeit der Führungskräfte in der Burnout- Prophylaxe. Ich kann in meinem Schlusswort nicht umhin, diese angesprochenen Herausforderungen um die betriebliche Burnout- Prophylaxe auf die allgemeine Situation der sich in Arbeitssituationen befindlichen Menschen auszuweiten. Meine zehn Denkanstöße, welche die betriebliche Burnout- Prophylaxe ergänzen können beinhaltet:

Eine verantwortliche Führungskraft sollte immer an folgendes denken:

- Sollte Burnout als die tatsächliche Krankheit von Einsamkeit und subtilem Hochmut[55] gesehen werden? Von eigenen und fremdgesteuerten Erwartungen motiviert- in der Hoffnung uneingeschränkt akzeptiert und anerkannt zu werden? Unterstützen sie ihre Mitarbeiter darin, dass sie offen über Abgrenzung und „nein- sagen" reden- es ist kein Tabuthema
- Burnout beinhaltet immer die Summe dessen, was aus Beruf und Privatleben auf uns wirkt. In der Prophylaxe- Arbeit muss dieser Faktor dringend Beachtung finden
- Jeder Mitarbeiter kann aus sich selbst schöpfen- zu viele Informationen in einem zu kurzen Abstand wirkt reizüberflutend und wirken kontraproduktiv
- Es gibt kein kollektives „ Burnout- Prophylaxen Konzept". Lösungen dazu sind immer individuell und fordern die Führungskraft in ihrer Kreativität und in ihrem Wissen
- Jedes Teammitglied fördert das Team als Ganzes. Verantwortungsvolle Führungskräfte lenken diese positiven Eigenschaften des Einzelnen auf teambezogene Aktionen im Bezug auf positives Handeln- lassen sie Raum für das was jeder gut kann
- Erkennen und verstehen verlangt ein Bewusstsein in dem noch Raum und Platz bleibt für „bewusst machen"
- Führungsprozesse sind auch immer Erinnerungsprozesse. Burnout- Prophylaxe sollte so gestaltet werden, dass eine Kontinuität[56] entsteht die ihre Stärke im bereits Erübten und im kommende üben haben sollte
- Betrachten Sie Burnout- Prophylaxe als Herausforderung, für den Einzelnen mehr Autonomie zu entwickeln. Nicht die Anzahl der „Klatschenden" ist wichtig, sondern vielmehr die persönliche und stabile innere Mitte des Mitarbeiters, die von ganz alleine „Beifall klatscht"

---

[54] vgl.: http://www.welt.de/debatte/kommentare/article13863024/Burn-out-Syndrom-ist-vom-Menschen-selbst-gemacht.html

[55] Hochmut soll hier im Kontext mit Ein-bildung verstanden werden

[56] Kontinuität bedeutet hier zusammenhalten, festhalten

8   Schlusswort

- Die betriebliche Burnout Prophylaxe kann sich auf alle Lebens- und Arbeitsbereiche der Mitarbeiter positiv auswirken

- Und noch etwas „ganz banales": Seien sie ein gutes Beispiel für ihre Mitarbeiter, in jeder Hinsicht. Wer in einem Team etwas erfolgreich umsetzen möchte, benötigt Wissen, Glaubhaftigkeit, Authentizität, Empathie, die Augen eines Adlers, die Ohren einer Fledermaus, und den Verstand eines sich Sehnenden

Wenn Burnout- Prophylaxe die Situation der Mitarbeiter in ihrer Gesunderhaltung am Arbeitsplatz verbessern soll, sollten Führungskräfte Mittel und Wege finden diesem, auf uns zurollenden „Masseninfarkt" des 21. Jahrhunderts aktiv zu begegnen. Nicht nur die Pflege beginnt langsam zu verstehen, dass menschliche Ressourcen hemmungslos auszunutzen bedeutet, einen Raum zu schaffen, der ein unüberschaubares Feld für Krankheiten bietet. Das Schaffen von geeigneten Landeplätzen erlaubt den Mitarbeitern sich zu orientieren zu dürfen. Führungskräfte als Piloten, die ihr Team auf dem „Flug durch die Arbeitswelt" sicher ankommen lassen? Piloten, die ihrem Team „verschiedene Kontinente zeigen"- es gibt viele geeignete Lösungsansätze und Präventionsmöglichkeiten. Und letztendlich Führungskräfte die wissen, dass sie ganz vorne sitzen und durch ihr Lenken entweder positive oder weniger positive Bedingungen schaffen. Das Umdenken hinsichtlich der Burnout- Prophylaxe beinhaltet auch, dass alle die Führen lernen müssen, den „Autopiloten" abzuschalten und dass autistisch anmutende Unternehmensstrukturen abgeschafft werden müssen. Indem die Sinnhaftigkeit einer Handlung klar macht, dass Handeln, immer Folgen hat, wird nun die Burnout- Prophylaxe vom Papier weg in die Realität entlassen.

Literaturverzeichnis

Antoine de Saint-Exupéry: Antoine Marie Jean-Baptiste Roger Vicomte de Saint-Exupéry * 29. Juni 1900 in Lyon; † 31. Juli 1944 nahe der Île de Riou bei Marseille war ein französischer Schriftsteller und Flieger

Benner und Wrubel, zit. nach Wegner (1997, S. 416)

Blanchard,Carlos,Randolph, Enright „Management durch Empowerment" rororo- Verlag,3. Auflage ISBN-10: 3499607719

DIE ZEIT Nr. 32 vom 03.08. 2000, 32

General Eisenhower: * 14. Oktober 1890 in Denison, Texas; † 28. März 1969 in Washington D.C.) war der 34. Präsident der Vereinigten Staaten (1953–1961) und Oberbefehlshaber der alliierten Streitkräfte in Europa während des Zweiten Weltkrieges

Gerald Hüther (2005) Bedienungsanleitung für ein menschliches Gehirn (5. Auflage). Göttingen:

Vandenhoeck & Ruprecht S. 120

Hemmerich, Wendepunkt Burnout, Maro Verlag 2011, ISBN: 978-3-87512-452-1

Johann Wolfgang von Goethe: „Wilhelm Meisters Lehrjahre", 8. Buch, 4. Kapitel

Lummer, 2011, S. 40

Myers 2005, 669, zit. nach Lummer, 2011, S. 58

Reinhard K. Sprenger „Der Aufstand des Individuums" Campus Verlag 2001

Roth, C., Dipl. Psych. Script F + U 2009 vgl. Burisch 1994

Roth,C., Dipl. Psych., Script 2009, Supervision, F + U Heidelberg

Rümke, Burnout Sprechstunde, Verlag Urachhaus, 2012, ISBN: 978-3-8251-7689-1

Steiner, Schöpfen aus dem Nichts, Verlag Freies Geistesleben, 2. Auflage 2010 ISBN: 978-3-7725-1780-8

Ullmann, Dr. K., Fachdozent F + U, Unterrichtszitat vom 19.01. 2012

Väth, Feierabend hab ich, wenn ich tot bin,, 4. Auflage 2012, GABAL Verlag GmbH , Offenbach, ISBN: 978-3-86936-231-1

Quellen aus dem Internet

http://de.wikipedia.org/wiki/Hans_Selye

http://de.wikipedia.org/wiki/Burnout-Syndrom

http://de.wikipedia.org/wiki/Upper_%28Drogen%29

http://derburnouthelfer.wordpress.com/tag/diagnoseschlussel-z73-0/

http://einfachso.jimdo.com/einfach-so/

http://pflegewirt-mueller.de/

http://www.ad-personam.com/Burnout_Gesprachsfuhrung.pdf

http://www.*arbeitgeber.monster.de*

http://www.bgw-online.de/internet/generator/Inhalt/OnlineInhalt/Medientypen/bgw_20themen/TP-miab-11-14-Mitarbeiterbefragung,property=pdfDownload.pdf

http://www.bmas.de/SharedDocs/Downloads/DE/PDF-Publikationen/forschungsbericht

http://www.ewi-psy.fu-berlin.de/einrichtungen/arbeitsbereiche/arbpsych/media/lehre/ws0708/12671/burnout_ueberarbeitung.pdf

http://www.hennig-partner.de/downloads/Anleitung%20zum%20Team-Check.pdf

http://www.hwwi.org/fileadmin/hwwi/Leistungen/Gutachten/Fuerstenberg-Performance-Studie_2011_Kurzfassung.pdf

http://www.kalkus.at/

http://*othes.univie.ac.at/*8911/1/2010-02-18_0408580.*pdf, vgl.* Herriger 2006,16

http:// www.persolog-blog.de/.../die-4-dimensionen-der-selbstfuehrung/

http://www.pflegewiki.de/wiki/Burnout

http://www.theintelligence.de/index.php/wissenschaft/wissenschaft/3506-wie-entsteht-unser-bewusstsein.html

http://www.uni-duesseldorf.de/Intensivpflege/seiten/abstract_2010/feuchtinger.pdf

http:// www.unternehmerverband.de/angebote/.../kurzergebnis.doc *zit. nach* Edgar H. Schein (Professor für Organisationspsychologie und Management), 1985; 2004)

http://www.welt.de/debatte/kommentare/article13863024/Burn-out-Syndrom-ist-vom-Menschen-selbst-gemacht.html